Junior
Su Doku

Published in the UK in 2005
by Wizard Books Ltd., The Old Dairy,
Brook Road, Thriplow,
Cambridge SG8 7RG
email: wizard@iconbooks.co.uk
www.iconbooks.co.uk/wizard

Reprinted 2006 (twice), 2009

Sold in the UK, Europe, South Africa and Asia
by Faber & Faber Ltd., 3 Queen Square,
London WC1N 3AU
or their agents

Distributed in the UK, Europe, South Africa and Asia
by TBS Ltd., Frating Distribution Centre, Colchester Road
Frating Green, Colchester CO7 7DW

ISBN 978 1 84046 723 9

Puzzle Compilation, typesetting and design by
Puzzle Press Ltd., http://www.puzzlepress.co.uk

Printed and bound in the UK by CPI Mackays, Chatham ME5 8TD

Junior
Su Doku

Wizard Books

HOW TO PLAY SU DOKU

Su Doku is a puzzle in a grid. They're great fun and you don't need to be good at sums to solve them!

Every grid is made up of rows, columns and boxes of squares. Here is a large grid, showing you the rows, columns and boxes:

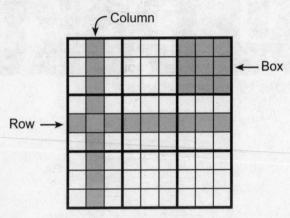

Every row, every column and every box needs to be filled with nine different numbers, and each number can only appear once in every row, column and box, like this:

The grids aren't always that large – some are much smaller:

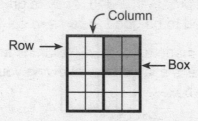

It's best to start with the smaller puzzles at the beginning of this book until you know how to play, then move up to the next level:

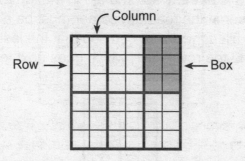

Before very long, you'll be ready to tackle the large ones!

When you first start a Su Doku puzzle, you will see a grid, with some numbers already filled in:

	2	3	
		4	
	3		1

You have to fill in the rest of the numbers.

If you look at the grid below, you could start by thinking about which number should go in the top right corner:

	2	3	
		4	
	3		1

There is another number in the right-hand column at the bottom, a 1. This means that the number can't be a 1 (otherwise there would be two 1s in that column). And there is already a 2 and a 3 in the top row, so the number in the top right corner must be a 4. Once we have filled this in we can see that the last number to fit in the top row is a 1, which goes next to the 2, like this:

1	2	3	4
		4	
	3		1

Now look at the box in the top right. Can you tell where the 1 should go? It can't go below the 4, because of the 1 already in that column, so it can only go beneath the 3. The number in the remaining space must be a 2, to give you the numbers 1, 2, 3 and 4 in that box.

1	2	3	4
		1	2
		4	
	3		1

The remaining number in the far right column is a 3
and that goes in the remaining square:

1	2	3	4
		1	2
		4	**3**
	3		1

You could now go on to fill in the remaining number
in the third column, a 2. The obvious next step is to
fill in the last number in the bottom row – a 4. After
that, look at the third row and decide where you think
the 2 should be. It can't be in the second column,
because there is already a 2 in the second column,
so it must be in the first column.

When you've done that, the grid should look like this:

1	2	3	4
		1	2
2		4	3
4	3	2	1

You can see the remaining square in the bottom left
box must be a 1:

1	2	3	4
		1	2
2	**1**	4	3
4	3	2	1

From here, it's easy to fill in the two remaining
numbers, a 3 and a 4, in the top left box; and the
finished puzzle looks like this:

1	2	3	4
3	4	1	2
2	1	4	3
4	3	2	1

Not all puzzles contain numbers. Some have letters or shapes, like these two examples, where you can see the puzzles and their solutions side by side:

Letters: W, A, N and D   Shapes: ◆, ■, ● and ▲

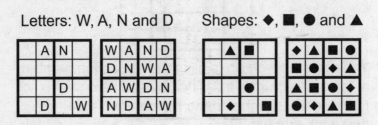

The puzzles which contain letters or shapes can all be played in just the same way as the ones which contain numbers.

WHICH NUMBERS TO USE

In a number puzzle, 1, 2, 3 and 4 are used in grids of this size:

1, 2, 3, 4, 5 and 6 are used in grids of this size:

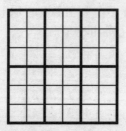

and 1, 2, 3, 4, 5, 6, 7, 8 and 9 are used in grids of this size:

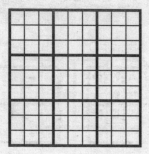

Where puzzles contain letters or shapes, these will always be listed beneath the grid.

Solutions to all of the puzzles can be found at the back of the book.

Puzzle No. 1

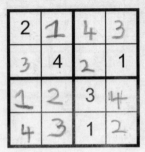

2	1	4	3
3	4	2	1
1	2	3	4
4	3	1	2

Puzzle No. 2

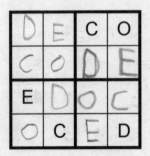

D	E	C	O
C	O	D	E
E	D	O	C
O	C	E	D

CODE

Puzzle No. 3

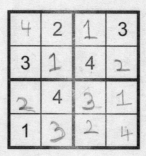

Puzzle No. 4

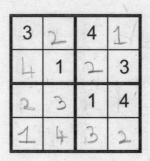

Puzzle No. 5

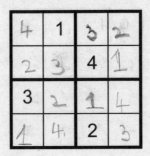

4	1	3	2
2	3	4	1
3	2	1	4
1	4	2	3

Puzzle No. 6

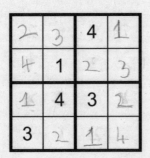

2	3	4	1
4	1	2	3
1	4	3	2
3	2	1	4

Puzzle No. 7

Puzzle No. 8

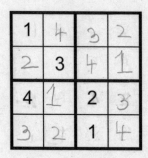

Puzzle No. 9

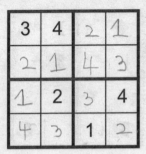

3	4	2	1
2	1	4	3
1	2	3	4
4	3	1	2

Puzzle No. 10

R	I	G	N
N	G	I	R
I	R	N	G
G	N	R	I

RING

14

Puzzle No. 11

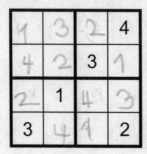

1	3	2	4
4	2	3	1
2	1	4	3
3	4	1	2

Puzzle No. 12

3 3

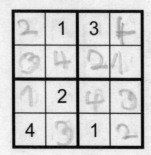

2	1	3	4
3	4	2	1
1	2	4	3
4	3	1	2

15

Puzzle No. 13

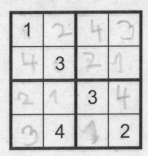

Puzzle No. 14

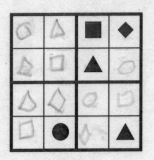

Puzzle No. 15

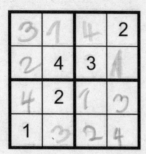

Puzzle No. 16

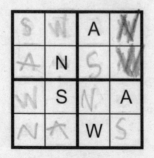

S W A N

Puzzle No. 17

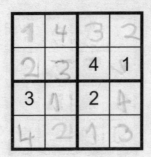

Puzzle No. 18

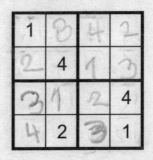

Puzzle No. 19

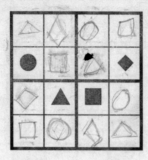

Puzzle No. 20

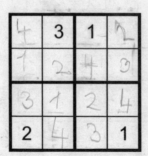

Puzzle No. 21

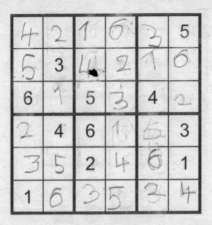

4	2	1	6	3	5
5	3	4	2	1	6
6	1	5	3	4	2
2	4	6	1	5	3
3	5	2	4	6	1
1	6	3	5	2	4

Puzzle No. 22

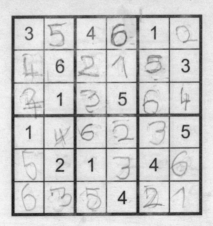

3	5	4	6	1	2
4	6	2	1	5	3
2	1	3	5	6	4
1	4	6	2	3	5
5	2	1	3	4	6
6	3	5	4	2	1

Puzzle No. 23

2	6	5	7	4	3
3	1	4	6	2	5
4	5	3	2	1	6
6	2	1	5	3	4
1	3	6	4	5	2
5	4	2	3	6	1

Puzzle No. 24

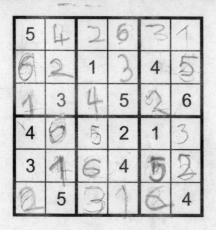

5	4	2	6	3	1
6	2	1	3	4	5
1	3	4	5	2	6
4	6	5	2	1	3
3	1	6	4	5	2
2	5	3	1	6	4

21

Puzzle No. 25

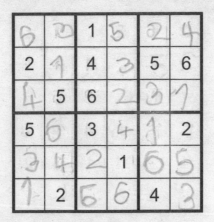

Puzzle No. 26

22

Puzzle No. 27

3	6	2	5	1	4
2	5	4	1	6	3
1	4	6	3	5	2
5	1	3	4	2	6
4	2	1	6	3	5
6	3	5	2	4	1

Puzzle No. 28

T	I	A	R	P	E
R	E	P	I	A	T
P	A	T	E	I	R
A	R	E	P	T	I
I	P	R	T	E	A
E	T	I	A	R	P

PIRATE

23

Puzzle No. 29

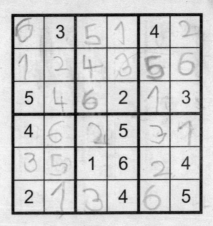

6	3	5	1	4	2
1	2	4	3	5	6
5	4	6	2	1	3
4	6	2	5	3	1
3	5	1	6	2	4
2	1	3	4	6	5

Puzzle No. 30

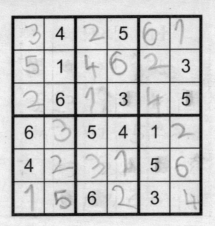

3	4	2	5	6	1
5	1	4	6	2	3
2	6	1	3	4	5
6	3	5	4	1	2
4	2	3	1	5	6
1	5	6	2	3	4

Puzzle No. 31

6	3	4	2	5	1
1	4	5	6	3	2
2	5	3	1	4	6
5	1	6	4	2	3
3	2	1	5	6	4
4	6	2	3	1	5

Puzzle No. 32

25

Puzzle No. 33

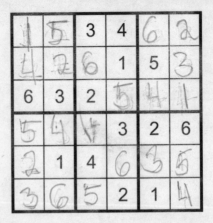

1	5	3	4	6	2
4	2	6	1	5	3
6	3	2	5	4	1
5	4	1	3	2	6
2	1	4	6	3	5
3	6	5	2	1	4

Puzzle No. 34

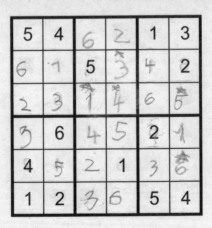

5	4	6	2	1	3
6	1	5	3	4	2
2	3	1	4	6	5
3	6	4	5	2	1
4	5	2	1	3	6
1	2	3	6	5	4

Puzzle No. 35

			1	2	
	4				
1		6		5	3
4	6		5	3	2
				6	
	3	2			

Puzzle No. 36

	3	1		2	
6	1		5		4
5				6	
	5		3		
		5		4	2
			2		

27

4	1	2	5	6	3
6	2	3	4	1	5
3	5	4	1	2	6
2	3	3	5	6	1
5	6			3	
1	4	6	4	5	

Puzzle No. 38

	I			R	
		I			A
R			D		
W		D	Z	A	
	Z	W			
A					Z

WIZARD

Puzzle No. 39

6	4	2	5	3	5
3	2		6	2	1
5		1		6	2
4					3
1				5	6
2	3	5	6	1	4

Puzzle No. 40

1			4		
4	3		5		
	5	1			
		2		6	
		2		1	5
	6	4			2

29

1	3	4			2
				6	3
6					
		3			1
3	2		5		
4			2	3	5

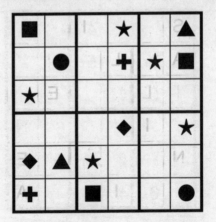

Puzzle No. 43

4	2				3
					2
3			1		
		6			
5				3	
1		3		2	5

Puzzle No. 44

S			I		
A		L		N	
I	L			E	
	I				N
N					E
		I			A

ALIENS

Puzzle No. 45

1				4	5
	4	6			1
		1			2
		5			
5			1		
4		2			3

Puzzle No. 46

		2			5
5	1				6
2	6	1			
	4	5			2
1				3	4
6			4		

Puzzle No. 47

5		3			4
		6		5	3
			4	6	
4	2				
			3	4	
1			6		

Puzzle No. 48

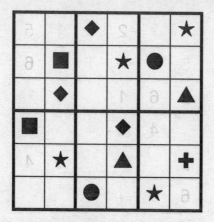

33

Puzzle No. 49

4					5
	2		6	4	
3		1			
	3	6			4
		3			1
2				3	

Puzzle No. 50

	2		5	1	
			1		6
5		4		3	
	5	6	4		
2				6	1
	6	1			

Puzzle No. 51

5			4	6	
	6		1		
4					1
	3		6	2	
		4			
6			2		3

Puzzle No. 52

			6		
1	2		4		5
			1	3	
4			2		1
		4			
	5			4	

Puzzle No. 53

	5				2
				6	
1	3			4	
		6			
2			1		
	6		3		1

Puzzle No. 54

R				E	
O		A		N	
		E			O
		G			
G			N	O	E
	R				N

ORANGE

36

Puzzle No. 55

	5		3	2	6
		2			
3		5			
				4	
2		1		5	
	1	3			

Puzzle No. 56

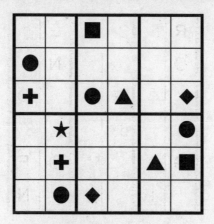

Puzzle No. 57

		6	3		5
	3	2			
			1		2
3	1	5			
	6		2	4	
4		3			

Puzzle No. 58

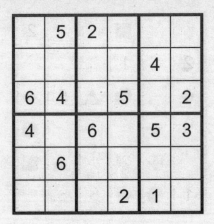

	5	2			
				4	
6	4		5		2
4		6		5	3
	6				
			2	1	

38

Puzzle No. 59

	1			3	
5		3		1	6
	2				5
		2		6	
2	3		4		
		5			4

Puzzle No. 60

				1	2
2		1	3		
6				5	
5			4		
		2			
1			5	6	

Puzzle No. 61

	3		1		
6		4		2	
	2		6	4	
1					2
	5	6			4
2			3	5	

Puzzle No. 62

U		L		P	
	G		E		L
	A			G	
A		P	U		G
				A	
	U	E			

PLAGUE

Puzzle No. 63

2				4	
4	3		1		
	5				
	4	1			6
			3	2	
6		5			

Puzzle No. 64

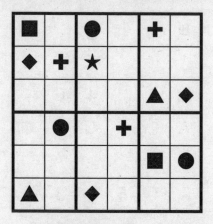

41

Puzzle No. 65

1	3	4			6
		1		2	
		5			1
4	6				
			1	3	4

Puzzle No. 66

3			6		
					2
2	5		4		
	2			1	4
6					
		5		3	

Puzzle No. 67

6		2			3
	4			6	
					5
	1		3		
	2		4	1	
5		1			

Puzzle No. 68

S		T			
A				T	S
	T	L			A
L		S			C
C				S	
		E	C		

CASTLE

3					1	4		8
7	8	1					6	
				2	9	7		
	7	4		8	2		9	
		6	5		4	1		
	3		7	9		5	2	
		7	3	6				
	6					9	1	5
4		2	9					3

		8		6		2		
9			8		2			1
	6	5		4		8	9	
	8	3	6		7	1	4	
6			1		4			8
	1	2	5		8	7	6	
	5	6		7		9	1	
3			2		6			5
		4		1		3		

				F	A		N	
			L				R	
L	Y	F		D			A	
N		D	F		R	Y		L
Y	G						F	O
A		L	G		O	R		N
	L			R		G	Y	A
	D				G			
	N		A	O				

DRAGONFLY

1		2			8			7
7			1		9	5		
				2	3	8		6
	4			3	1		6	
8	6						9	1
	2		8	6			3	
6		5	4	8				
		8	3		7			4
3			5			1		2

	5	1		8		9	7	
		9		5		4		
7			9		4			3
	3	4	1		9	6	5	
5			3		8			9
	9	2	5		6	3	8	
2			4		5			1
		8		3		2		
	1	5		6		7	3	

E	A			M			N	I
					U	E		
	S	R	N	I			A	
N	I	B	E					R
U								M
R					B	I	S	E
	B			E	R	U	M	
		N	S					
A	R			U			I	B

SUBMARINE

		3	2					
		6		7		9	8	2
		5		8	6			
2	9		8		3		7	5
1		8				4		9
5	3		4		1		2	6
			6	1		5		
6	4	9		3		2		
					4	7		

Puzzle No. 76

			7		5	2		
5	8	3		6		7		
			4	9	8	3		
4			6		2		3	
	6	1				5	9	
	3		5		9			2
		4	8	7	3			
		7		2		4	8	1
		6	1		4			

		2					1	9
			3	5	4			
7		8		2		6	3	
4	7	9			1			2
	1		4		3		8	
6			2			1	4	5
	3	4		1		2		6
			7	3	8			
1	9					8		

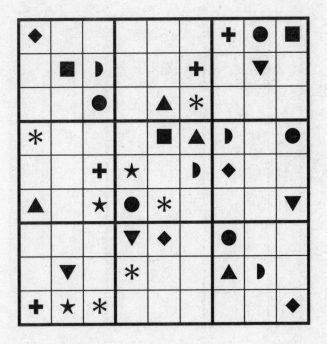

2	6			5			4	8
	7			8			9	
		9	3		6	2		
1	9		6		5		8	7
		6	8		7	1		
8	3		2		1		5	6
		4	1		3	8		
	1			6			3	
6	2			7			1	4

				S	U	C		O
		U	P		T			S
R		E			O	T		
	T			C	S		E	
	M	R				S	C	
	C		R	T			U	
		P	S			R		E
O			M		R	P		
S		C	T	E				

COMPUTERS

8	6	3					7	
		2	8			5		9
			2	7				1
3	9		1	8			2	
6			3		5			7
	8			4	9		1	5
1				9	8			
5		4			6	2		
	7					1	4	6

	1	2		8	5			
7	4					8		3
6	9			1		4		
5					2		7	
9		4	8		1	2		6
	3		6					9
		7		6			9	1
8		3					5	2
			5	3		6	4	

9	5	4				6	1	7
7			9	5				8
	1		4				2	
8					2		7	
		7	1		6	9		
	4		3					5
	3				8		6	
1				3	4			2
4	7	6				8	9	3

5	6		3	4		2		
9						3		8
		1	7		2	4		
			6	3			8	2
	7		2		9		1	
4	2			5	7			
		9	8		6	1		
8		6						5
		4		1	5		6	7

D	S				C			
		G			T	C	D	
	O			H	G	T		S
A	D				W	S		
C			T		D			O
		H	O				W	A
G		A	C	S			T	
	T	W	G			A		
			W				O	H

WATCHDOGS

	6				3	8		
9					4	5	7	
4			5	8		6		1
		9		1			6	5
	1		4		5		3	
2	8			3		4		
6		2		7	8			9
	3	4	6					2
		7	2				5	

	7	8		9		1	3	
		1	8	7		4		5
3					2			
7	3	4			6		5	
	9						2	
	5		3			7	8	6
			4					8
2		9		3	5	6		
	6	7		2		5	1	

Puzzle No. 88

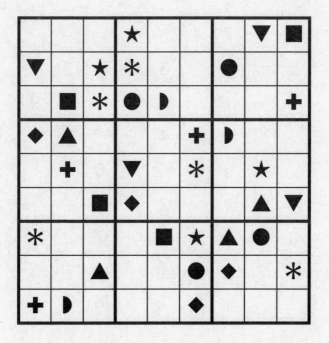

2	5	7	4					
6				8	7		2	
		1			2	3		9
		2		4			9	7
		5	8		1	6		
4	8			2		5		
3		4	9			7		
	7		5	1				8
					3	9	6	4

2		8		6		7		9
	7		4		9		3	
9				8				4
4		3	9		2	8		5
	8		6		3		9	
1		9	5		8	6		3
6				3				1
	1		8		4		2	
8		2		5		3		7

E			A	M		P	N	
C	T		H					
		P	N			H		E
H	P		C			T		
	C		E		R		A	
		M			H		P	R
R		A			E	N		
					A		R	M
	M	E		T	N			C

PARCHMENT

			8		1		2	
			4	9	5		6	
5	6	1		3			8	
6			1		9	2		
3	7						1	9
		4	3		2			6
	8			2		7	4	5
	4		5	8	6			
	3		7		4			

7	4			6	9			1
			1			4		
		1	7				8	2
5	9				8		6	3
		6		5		7		
3	1		4				2	5
4	3				2	9		
		8			3			
6			5	1			4	8

2				1				5
6	5				4		7	8
3		7	6			2		1
			7	2		5	9	
	4						8	
	1	9		3	8			
4		3			9	8		6
1	6		5				3	9
9				6				2

6		3		8	9	7		
8			2				6	
9	4		7			5		
	6	9		3				5
	2		9		7		3	
7				2		1	8	
		1			6		2	7
	9				1			4
		5	8	4		6		1

8		9	5			1		
		6	1		2			3
			6	3		4		5
	1		3	4			9	
	7	8				3	4	
	4			1	8		6	
3		4		9	1			
5			8		7	2		
		2			3	8		9

	I		O	E		C	D	
					V	E	Y	S
	V	D		Y				R
			R	S				O
V		C				S		I
O				I	C			
C				R		Y	I	
Y	O	E	D					
	R	S		C	E		V	

DISCOVERY

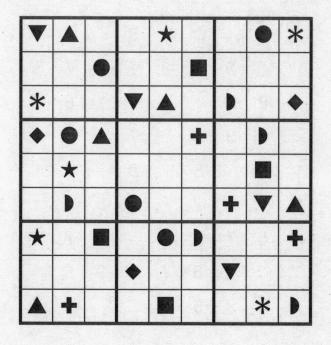

2					6			9
		5		3	1	4		
9	8	4				1	6	3
		3			7			6
	1		8		9		4	
4			2			5		
1	5	7				6	8	4
		2	6	7		9		
8			5					7

4		1	5			2		
			1				8	6
	5	2	3	9				4
7	2				1	9		
	3		4		7		6	
		8	6				2	1
6				8	5	4	9	
9	7				3			
		5			4	3		7

		1	6		2	7		
	2			5			6	
5	8			3			2	1
7	6		2		8		4	5
		5	3		7	2		
2	9		4		5		7	3
8	5			4			1	7
	3			7			9	
		9	5		6	8		

5	7			6	1			
	1	2				9		6
	4	3		5				8
	8		2			1		
2		5	3		9	4		7
		4			5		6	
7				3		5	4	
9		6				8	7	
			1	9			3	2

		3			8	2		1
8		7		1	9			
4			2		5	3		
	9		8	7			1	
	5	2				8	7	
	7			9	2		6	
		6	9		3			8
			6	8		7		4
2		1	4			9		

D	L				N			S
U		A				O	L	
	N		S	O		R		
L	C	D		U	A			
	R						N	
			O	L		A	D	C
		U		D	S		C	
	O	N			U			L
C			R				S	A

CAULDRONS

4		7	6			5		2
		5	8	9	7	3		
	8		4					7
7					4		9	
3		9				1		6
	2		3					8
9					6		3	
		4	7	1	3	6		
1		6			2	8		5

	2	5	6					
		1	9	7			8	3
3			8			1		6
7					6	4	3	
	5		1		4		9	
	3	6	5					2
9		4			1			8
1	7			2	8	5		
					9	7	4	

		2	8		9	4		
	9			3			8	
3	5			6			9	2
9	1		7		3		4	6
		3	6		4	9		
4	8		9		5		7	3
5	3			7			2	4
	6			4			1	
		1	3		8	5		

Puzzle No. 108

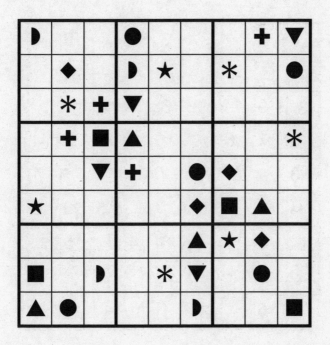

6	2			3			9	8
		8			1			
	9		2	6		4	7	
8	7	6			5			4
3								1
4			8			5	6	2
	3	1		8	4		5	
			7			2		
5	6			1			4	9

6	1		8				2	5
7				2				6
2		4			6	1		3
	6	8	9	7				
	4						3	
				1	4	6	5	
5		7	2			9		1
8				5				7
4	9				3		8	2

		1		6	4		7	
2		3	1					4
9					8	3	6	
3	2	5	8	9				
		7				1		
				3	6	2	8	5
	1	6	9					3
5					7	4		8
	9		4	2		5		

		1	3					
		4		5		6	3	2
		8		7	2			
2	4		7		3		5	8
6		3				9		7
8	1		5		9		6	4
			2	9		8		
4	9	6		1		2		
					4	5		

	R						T	S
I			T		S			D
	M	S		I	R			E
				R	M	O	E	
		I	O		D	M		
	O	T	S	L				
O			L	E		S	R	
E			M		O			I
L	T						D	

TIMELORDS

	6		3	1	7		2	
		3	4					7
4	7		9				6	5
7					4	1		
2	1						8	9
		5	2					3
8	9				5		3	6
1					9	2		
	4		7	8	2		9	

	7	8		4	6			
2	6					4		1
9	3			8		5		
3					8		4	
8		2	9		1	7		3
	5		2					6
		7		9			3	8
4		1					7	5
			6	1		2	9	

	6		2					
3				5	1		4	9
1		8		4		3		7
		1			3	5	7	2
		4				9		
7	3	6	5			1		
8		5		9		7		6
2	1		6	7				8
					4		5	

1	7	6	4	3	9	5	8	2
4	2	8	7	1	5	6	3	9
5	3	9	8	6	2	4	7	1
7	1	4	5	2	6	3	9	8
9	5	2	1	8	3	7	4	6
8	6	3	9	7	4	1	2	5
3	8	5	6	9	7	2	1	4
2	4	1	3	5	8	9	6	7
6	9	7	2	4	1	8	5	3

Puzzle No. 118

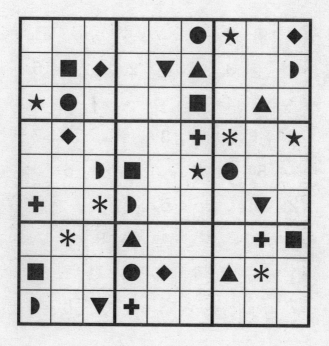

	9	2	5					1
6		3		4	2			5
		4	8				3	
		5		8			4	7
	8		2		5		6	
2	3			6		1		
	2				7	9		
1			4	9		7		3
7					3	5	8	

	6	5	1			2	3	
4		8			2	7		6
		3		8		4		
			5	7			8	9
	5						1	
3	9			4	6			
		4		2		9		
5		2	9			1		7
	7	9			3	8	2	

N			G	A	E			R
		G			U		E	
R		D			S	U		G
		E			N		D	
O		S				N		A
	A		U			G		
E		R	D			O		S
	N		S			A		
S			N	O	G			U

DANGEROUS

	5		1	8		3	4	
	2	4		6				9
					2	8	6	7
			9	7				1
2		3				7		5
1				5	3			
6	1	8	4					
3				9		6	5	
	9	7		3	8		2	

Solutions

No. 1

2	1	4	3
3	4	2	1
1	2	3	4
4	3	1	2

No. 2

D	E	C	O
C	O	D	E
E	D	O	C
O	C	E	D

No. 3

4	2	1	3
3	1	4	2
2	4	3	1
1	3	2	4

No. 4

3	2	4	1
4	1	2	3
2	3	1	4
1	4	3	2

No. 5

4	1	3	2
2	3	4	1
3	2	1	4
1	4	2	3

No. 6

2	3	4	1
4	1	2	3
1	4	3	2
3	2	1	4

No. 7

No. 8

1	4	3	2
2	3	4	1
4	1	2	3
3	2	1	4

No. 9

3	4	2	1
2	1	4	3
1	2	3	4
4	3	1	2

No. 10

R	I	G	N
N	G	I	R
I	R	N	G
G	N	R	I

No. 11

1	3	2	4
4	2	3	1
2	1	4	3
3	4	1	2

No. 12

2	1	3	4
3	4	2	1
1	2	4	3
4	3	1	2

No. 13

1	2	4	3
4	3	2	1
2	1	3	4
3	4	1	2

No. 14

No. 15

3	1	4	2
2	4	3	1
4	2	1	3
1	3	2	4

No. 16

S	W	A	N
A	N	S	W
W	S	N	A
N	A	W	S

No. 17

1	4	3	2
2	3	4	1
3	1	2	4
4	2	1	3

No. 18

1	3	4	2
2	4	1	3
3	1	2	4
4	2	3	1

No. 19

No. 20

4	3	1	2
1	2	4	3
3	1	2	4
2	4	3	1

Solutions

No. 21

4	2	1	6	3	5
5	3	4	2	1	6
6	1	5	3	4	2
2	4	6	1	5	3
3	5	2	4	6	1
1	6	3	5	2	4

No. 22

3	5	4	6	1	2
4	6	2	1	5	3
2	1	3	5	6	4
1	4	6	2	3	5
5	2	1	3	4	6
6	3	5	4	2	1

No. 23

2	6	5	1	4	3
3	1	4	6	2	5
4	5	3	2	1	6
6	2	1	5	3	4
1	3	6	4	5	2
5	4	2	3	6	1

No. 24

5	4	2	6	3	1
6	2	1	3	4	5
1	3	4	5	2	6
4	6	5	2	1	3
3	1	6	4	5	2
2	5	3	1	6	4

No. 25

6	3	1	5	2	4
2	1	4	3	5	6
4	5	6	2	3	1
5	6	3	4	1	2
3	4	2	1	6	5
1	2	5	6	4	3

No. 26

▲	✚	★	●	◆	■
◆	●	■	✚	★	▲
■	★	▲	◆	✚	●
★	■	◆	▲	●	✚
●	▲	✚	★	■	◆
✚	◆	●	■	▲	★

No. 27

3	6	2	5	1	4
2	5	4	1	6	3
1	4	6	3	5	2
5	1	3	4	2	6
4	2	1	6	3	5
6	3	5	2	4	1

No. 28

T	I	A	R	P	E
R	E	P	I	A	T
P	A	T	E	I	R
A	R	E	P	T	I
I	P	R	T	E	A
E	T	I	A	R	P

No. 29

6	3	5	1	4	2
1	2	4	3	5	6
5	4	6	2	1	3
4	6	2	5	3	1
3	5	1	6	2	4
2	1	3	4	6	5

No. 30

3	4	2	5	6	1
5	1	4	6	2	3
2	6	1	3	4	5
6	3	5	4	1	2
4	2	3	1	5	6
1	5	6	2	3	4

No. 31

6	3	4	2	5	1
1	4	5	6	3	2
2	5	3	1	4	6
5	1	6	4	2	3
3	2	1	5	6	4
4	6	2	3	1	5

No. 32

◆	✚	■	▲	★	●
●	▲	✚	★	◆	■
■	★	●	◆	▲	✚
▲	●	◆	✚	■	★
★	■	▲	●	✚	◆
✚	◆	★	■	●	▲

Solutions

No. 33

1	5	3	4	6	2
4	2	6	1	5	3
6	3	2	5	4	1
5	4	1	3	2	6
2	1	4	6	3	5
3	6	5	2	1	4

No. 34

5	4	6	2	1	3
6	1	5	3	4	2
2	3	1	4	6	5
3	6	4	5	2	1
4	5	2	1	3	6
1	2	3	6	5	4

No. 35

6	5	3	1	2	4
3	4	5	2	1	6
1	2	6	4	5	3
4	6	1	5	3	2
2	1	4	3	6	5
5	3	2	6	4	1

No. 36

4	3	1	6	2	5
6	1	2	5	3	4
5	2	3	4	6	1
2	5	4	3	1	6
3	6	5	1	4	2
1	4	6	2	5	3

No. 37

6	1	2	5	4	3
4	2	3	6	1	5
3	5	4	1	2	6
2	4	5	3	6	1
5	6	1	2	3	4
1	3	6	4	5	2

No. 38

Z	I	A	W	R	D
D	W	I	R	Z	A
R	A	Z	D	I	W
W	R	D	Z	A	I
I	Z	W	A	D	R
A	D	R	I	W	Z

No. 39

6	1	2	4	3	5
5	2	3	6	4	1
3	4	1	5	6	2
4	5	6	1	2	3
1	3	4	2	5	6
2	6	5	3	1	4

No. 40

1	2	3	4	5	6
4	3	6	5	2	1
6	5	1	2	4	3
2	1	5	3	6	4
3	4	2	6	1	5
5	6	4	1	3	2

No. 41

1	3	4	6	5	2
2	4	5	1	6	3
6	5	2	3	1	4
5	6	3	4	2	1
3	2	1	5	4	6
4	1	6	2	3	5

No. 42

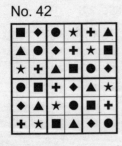

No. 43

4	2	5	6	1	3
6	1	4	3	5	2
3	5	2	1	6	4
2	3	6	5	4	1
5	4	1	2	3	6
1	6	3	4	2	5

No. 44

S	N	E	I	A	L
A	E	L	S	N	I
I	L	N	A	E	S
L	I	A	E	S	N
N	A	S	L	I	E
E	S	I	N	L	A

Solutions

No. 45

1	6	3	2	4	5
2	4	6	5	3	1
3	5	1	4	6	2
6	2	5	3	1	4
5	3	4	1	2	6
4	1	2	6	5	3

No. 46

4	3	2	6	1	5
5	1	4	3	2	6
2	6	1	5	4	3
3	4	5	1	6	2
1	5	6	2	3	4
6	2	3	4	5	1

No. 47

5	6	3	2	1	4
2	4	6	1	5	3
3	1	5	4	6	2
4	2	1	5	3	6
6	5	2	3	4	1
1	3	4	6	2	5

No. 48

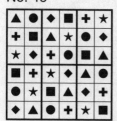

No. 49

4	6	2	3	1	5
1	2	5	6	4	3
3	5	1	4	6	2
5	3	6	1	2	4
6	4	3	2	5	1
2	1	4	5	3	6

No. 50

6	2	3	5	1	4
4	3	2	1	5	6
5	1	4	6	3	2
1	5	6	4	2	3
2	4	5	3	6	1
3	6	1	2	4	5

No. 51

5	1	3	4	6	2
3	6	2	1	4	5
4	2	6	5	3	1
1	3	5	6	2	4
2	5	4	3	1	6
6	4	1	2	5	3

No. 52

3	4	5	6	1	2
1	2	3	4	6	5
5	6	2	1	3	4
4	3	6	2	5	1
6	1	4	5	2	3
2	5	1	3	4	6

No. 53

6	5	3	4	1	2
4	2	1	5	6	3
1	3	2	6	4	5
3	1	6	2	5	4
2	4	5	1	3	6
5	6	4	3	2	1

No. 54

R	G	N	O	E	A
O	E	A	R	N	G
A	N	E	G	R	O
N	O	G	E	A	R
G	A	R	N	O	E
E	R	O	A	G	N

No. 55

1	5	4	3	2	6
6	4	2	1	3	5
3	2	5	6	1	4
5	3	6	2	4	1
2	6	1	4	5	3
4	1	3	5	6	2

No. 56

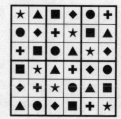

Solutions

No. 57

2	4	6	3	1	5
1	3	2	5	6	4
6	5	4	1	3	2
3	1	5	4	2	6
5	6	1	2	4	3
4	2	3	6	5	1

No. 58

3	5	2	4	6	1
2	1	3	6	4	5
6	4	1	5	3	2
4	2	6	1	5	3
1	6	5	3	2	4
5	3	4	2	1	6

No. 59

6	1	4	5	3	2
5	4	3	2	1	6
3	2	1	6	4	5
4	5	2	1	6	3
2	3	6	4	5	1
1	6	5	3	2	4

No. 60

3	4	5	6	1	2
2	5	1	3	4	6
6	1	4	2	5	3
5	3	6	4	2	1
4	6	2	1	3	5
1	2	3	5	6	4

No. 61

4	3	2	1	6	5
6	1	4	5	2	3
5	2	3	6	4	1
1	6	5	4	3	2
3	5	6	2	1	4
2	4	1	3	5	6

No. 62

U	E	L	G	P	A
P	G	A	E	U	L
L	A	U	P	G	E
A	L	P	U	E	G
E	P	G	L	A	U
G	U	E	A	L	P

No. 63

2	6	3	5	4	1
4	3	2	1	6	5
1	5	4	6	3	2
3	4	1	2	5	6
5	1	6	3	2	4
6	2	5	4	1	3

No. 64

■	▲	●	◆	✚	★
◆	✚	★	▲	●	■
●	★	✚	■	▲	◆
★	●	■	✚	◆	▲
✚	◆	▲	★	■	●
▲	■	◆	●	★	✚

No. 65

1	3	4	2	5	6
5	4	1	6	2	3
6	2	5	3	4	1
3	1	2	4	6	5
4	6	3	5	1	2
2	5	6	1	3	4

No. 66

3	4	2	6	5	1
1	6	3	5	4	2
2	5	1	4	6	3
5	2	6	3	1	4
6	3	4	1	2	5
4	1	5	2	3	6

No. 67

6	5	2	1	4	3
2	4	3	5	6	1
1	3	4	6	2	5
4	1	6	3	5	2
3	2	5	4	1	6
5	6	1	2	3	4

No. 68

S	C	T	A	L	E
A	L	C	E	T	S
E	T	L	S	C	A
L	A	S	T	E	C
C	E	A	L	S	T
T	S	E	C	A	L

Solutions

No. 69

3	2	9	6	7	1	4	5	8
7	8	1	4	5	3	2	6	9
6	4	5	8	2	9	7	3	1
5	7	4	1	8	2	3	9	6
2	9	6	5	3	4	1	8	7
1	3	8	7	9	6	5	2	4
9	1	7	3	6	5	8	4	2
8	6	3	2	4	7	9	1	5
4	5	2	9	1	8	6	7	3

No. 70

1	3	8	7	6	9	2	5	4
9	4	7	8	5	2	6	3	1
2	6	5	3	4	1	8	9	7
5	8	3	6	2	7	1	4	9
6	7	9	1	3	4	5	2	8
4	1	2	5	9	8	7	6	3
8	5	6	4	7	3	9	1	2
3	9	1	2	8	6	4	7	5
7	2	4	9	1	5	3	8	6

No. 71

D	R	G	O	F	A	L	N	Y
O	A	N	L	G	Y	F	R	D
L	Y	F	R	D	N	O	A	G
N	O	D	F	A	R	Y	G	L
Y	G	R	D	N	L	A	F	O
A	F	L	G	Y	O	R	D	N
F	L	O	N	R	D	G	Y	A
R	D	A	Y	L	G	N	O	F
G	N	Y	A	O	F	D	L	R

No. 72

1	3	2	6	5	8	9	4	7
7	8	6	1	4	9	5	2	3
4	5	9	7	2	3	8	1	6
5	4	7	9	3	1	2	6	8
8	6	3	2	7	5	4	9	1
9	2	1	8	6	4	7	3	5
6	1	5	4	8	2	3	7	9
2	9	8	3	1	7	6	5	4
3	7	4	5	9	6	1	8	2

No. 73

4	5	1	2	8	3	9	7	6
3	2	9	6	5	7	4	1	8
7	8	6	9	1	4	5	2	3
8	3	4	1	7	9	6	5	2
5	6	7	3	2	8	1	4	9
1	9	2	5	4	6	3	8	7
2	7	3	4	9	5	8	6	1
6	4	8	7	3	1	2	9	5
9	1	5	8	6	2	7	3	4

No. 74

E	A	U	R	M	S	B	N	I
I	N	M	B	A	U	E	R	S
B	S	R	N	I	E	M	A	U
N	I	B	E	S	M	A	U	R
U	E	S	I	R	A	N	B	M
R	M	A	U	N	B	I	S	E
S	B	I	A	E	R	U	M	N
M	U	N	S	B	I	R	E	A
A	R	E	M	U	N	S	I	B

Solutions

No. 75

7	8	3	2	4	9	6	5	1
4	1	6	3	7	5	9	8	2
9	2	5	1	8	6	3	4	7
2	9	4	8	6	3	1	7	5
1	6	8	7	5	2	4	3	9
5	3	7	4	9	1	8	2	6
3	7	2	6	1	8	5	9	4
6	4	9	5	3	7	2	1	8
8	5	1	9	2	4	7	6	3

No. 76

6	4	9	7	3	5	2	1	8
5	8	3	2	6	1	7	4	9
1	7	2	4	9	8	3	5	6
4	9	5	6	1	2	8	3	7
2	6	1	3	8	7	5	9	4
7	3	8	5	4	9	1	6	2
9	1	4	8	7	3	6	2	5
3	5	7	9	2	6	4	8	1
8	2	6	1	5	4	9	7	3

No. 77

3	4	2	8	7	6	5	1	9
9	6	1	3	5	4	7	2	8
7	5	8	1	2	9	6	3	4
4	7	9	5	8	1	3	6	2
2	1	5	4	6	3	9	8	7
6	8	3	2	9	7	1	4	5
8	3	4	9	1	5	2	7	6
5	2	6	7	3	8	4	9	1
1	9	7	6	4	2	8	5	3

No. 78

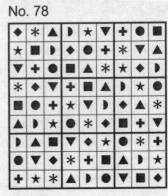

No. 79

2	6	1	7	5	9	3	4	8
3	7	5	4	8	2	6	9	1
4	8	9	3	1	6	2	7	5
1	9	2	6	3	5	4	8	7
5	4	6	8	9	7	1	2	3
8	3	7	2	4	1	9	5	6
7	5	4	1	2	3	8	6	9
9	1	8	5	6	4	7	3	2
6	2	3	9	7	8	5	1	4

No. 80

T	P	M	E	S	U	C	R	O
C	O	U	P	R	T	E	M	S
R	S	E	C	M	O	T	P	U
P	T	O	U	C	S	M	E	R
U	M	R	O	P	E	S	C	T
E	C	S	R	T	M	O	U	P
M	U	P	S	O	C	R	T	E
O	E	T	M	U	R	P	S	C
S	R	C	T	E	P	U	O	M

Solutions

No. 81

8	6	3	9	5	1	4	7	2
7	1	2	8	6	4	5	3	9
4	5	9	2	7	3	8	6	1
3	9	5	1	8	7	6	2	4
6	4	1	3	2	5	9	8	7
2	8	7	6	4	9	3	1	5
1	2	6	4	9	8	7	5	3
5	3	4	7	1	6	2	9	8
9	7	8	5	3	2	1	4	6

No. 82

3	1	2	4	8	5	9	6	7
7	4	5	9	2	6	8	1	3
6	9	8	7	1	3	4	2	5
5	8	6	3	9	2	1	7	4
9	7	4	8	5	1	2	3	6
2	3	1	6	7	4	5	8	9
4	5	7	2	6	8	3	9	1
8	6	3	1	4	9	7	5	2
1	2	9	5	3	7	6	4	8

No. 83

9	5	4	8	2	3	6	1	7
7	6	2	9	5	1	3	4	8
3	1	8	4	6	7	5	2	9
8	9	3	5	4	2	1	7	6
5	2	7	1	8	6	9	3	4
6	4	1	3	7	9	2	8	5
2	3	5	7	9	8	4	6	1
1	8	9	6	3	4	7	5	2
4	7	6	2	1	5	8	9	3

No. 84

5	6	7	3	4	8	2	9	1
9	4	2	5	6	1	3	7	8
3	8	1	7	9	2	4	5	6
1	9	5	6	3	4	7	8	2
6	7	3	2	8	9	5	1	4
4	2	8	1	5	7	6	3	9
7	5	9	8	2	6	1	4	3
8	1	6	4	7	3	9	2	5
2	3	4	9	1	5	8	6	7

No. 85

D	S	T	A	W	C	O	H	G
H	A	G	S	O	T	C	D	W
W	O	C	D	H	G	T	A	S
A	D	O	H	G	W	S	C	T
C	W	S	T	A	D	H	G	O
T	G	H	O	C	S	D	W	A
G	H	A	C	S	O	W	T	D
O	T	W	G	D	H	A	S	C
S	C	D	W	T	A	G	O	H

No. 86

5	6	1	7	9	3	8	2	4
9	2	8	1	6	4	5	7	3
4	7	3	5	8	2	6	9	1
3	4	9	8	1	7	2	6	5
7	1	6	4	2	5	9	3	8
2	8	5	9	3	6	4	1	7
6	5	2	3	7	8	1	4	9
1	3	4	6	5	9	7	8	2
8	9	7	2	4	1	3	5	6

Solutions

No. 87

6	7	8	5	9	4	1	3	2
9	2	1	8	7	3	4	6	5
3	4	5	6	1	2	8	7	9
7	3	4	2	8	6	9	5	1
8	9	6	7	5	1	3	2	4
1	5	2	3	4	9	7	8	6
5	1	3	4	6	7	2	9	8
2	8	9	1	3	5	6	4	7
4	6	7	9	2	8	5	1	3

No. 88

◗	●	✚	★	◆	▲	✳	▼	■
▼	◆	★	✳	✚	■	●	◗	▲
▲	■	✳	●	◗	▼	★	◆	✚
◆	▲	▼	■	★	✚	◗	✳	●
●	✚	◗	▼	▲	✳	■	★	◆
★	✳	■	◆	●	◗	✚	▲	▼
✳	▼	◆	✚	■	★	▲	●	◗
■	★	▲	◗	▼	●	◆	✚	✳
✚	◗	●	▲	✳	◆	▼	■	★

No. 89

2	5	7	4	3	9	1	8	6
6	9	3	1	8	7	4	2	5
8	4	1	6	5	2	3	7	9
1	6	2	3	4	5	8	9	7
7	3	5	8	9	1	6	4	2
4	8	9	7	2	6	5	1	3
3	2	4	9	6	8	7	5	1
9	7	6	5	1	4	2	3	8
5	1	8	2	7	3	9	6	4

No. 90

2	4	8	3	6	1	7	5	9
5	7	6	4	2	9	1	3	8
9	3	1	7	8	5	2	6	4
4	6	3	9	7	2	8	1	5
7	8	5	6	1	3	4	9	2
1	2	9	5	4	8	6	7	3
6	5	4	2	3	7	9	8	1
3	1	7	8	9	4	5	2	6
8	9	2	1	5	6	3	4	7

No. 91

E	R	H	A	M	C	P	N	T
C	T	N	H	E	P	R	M	A
M	A	P	N	R	T	H	C	E
H	P	R	C	A	M	T	E	N
N	C	T	E	P	R	M	A	H
A	E	M	T	N	H	C	P	R
R	H	A	M	C	E	N	T	P
T	N	C	P	H	A	E	R	M
P	M	E	R	T	N	A	H	C

No. 92

4	9	3	8	6	1	5	2	7
8	2	7	4	9	5	3	6	1
5	6	1	2	3	7	9	8	4
6	5	8	1	4	9	2	7	3
3	7	2	6	5	8	4	1	9
9	1	4	3	7	2	8	5	6
1	8	6	9	2	3	7	4	5
7	4	9	5	8	6	1	3	2
2	3	5	7	1	4	6	9	8

Solutions

No. 93

7	4	2	8	6	9	5	3	1
8	6	3	1	2	5	4	7	9
9	5	1	7	3	4	6	8	2
5	9	4	2	7	8	1	6	3
2	8	6	3	5	1	7	9	4
3	1	7	4	9	6	8	2	5
4	3	5	6	8	2	9	1	7
1	7	8	9	4	3	2	5	6
6	2	9	5	1	7	3	4	8

No. 94

2	8	4	3	1	7	9	6	5
6	5	1	2	9	4	3	7	8
3	9	7	6	8	5	2	4	1
8	3	6	7	2	1	5	9	4
7	4	2	9	5	6	1	8	3
5	1	9	4	3	8	6	2	7
4	2	3	1	7	9	8	5	6
1	6	8	5	4	2	7	3	9
9	7	5	8	6	3	4	1	2

No. 95

6	5	3	1	8	9	7	4	2
8	1	7	2	5	4	9	6	3
9	4	2	7	6	3	5	1	8
1	6	9	4	3	8	2	7	5
5	2	8	9	1	7	4	3	6
7	3	4	6	2	5	1	8	9
4	8	1	5	9	6	3	2	7
2	9	6	3	7	1	8	5	4
3	7	5	8	4	2	6	9	1

No. 96

8	3	9	5	7	4	1	2	6
4	5	6	1	8	2	9	7	3
1	2	7	6	3	9	4	8	5
2	1	5	3	4	6	7	9	8
6	7	8	9	2	5	3	4	1
9	4	3	7	1	8	5	6	2
3	8	4	2	9	1	6	5	7
5	9	1	8	6	7	2	3	4
7	6	2	4	5	3	8	1	9

No. 97

S	I	Y	O	E	R	C	D	V
R	C	O	I	D	V	E	Y	S
E	V	D	C	Y	S	I	O	R
D	E	I	R	S	Y	V	C	O
V	Y	C	E	O	D	S	R	I
O	S	R	V	I	C	D	E	Y
C	D	V	S	R	O	Y	I	E
Y	O	E	D	V	I	R	S	C
I	R	S	Y	C	E	O	V	D

No. 98

▼	▲	✛	◗	★	◆	■	●	✳
◗	◆	●	✛	✳	■	★	▲	▼
✳	■	★	▼	▲	●	◗	✛	◆
◆	●	▲	■	▼	✛	✳	◗	★
✛	★	▼	▲	◗	✳	◆	■	●
■	◗	✳	●	◆	★	✛	▼	▲
★	▼	■	✳	●	◗	▲	◆	✛
●	✳	◗	◆	✛	▲	▼	★	■
▲	✛	◆	★	■	▼	●	✳	◗

Solutions

No. 99

2	3	1	4	8	6	7	5	9
6	7	5	9	3	1	4	2	8
9	8	4	7	2	5	1	6	3
5	2	3	1	4	7	8	9	6
7	1	6	8	5	9	3	4	2
4	9	8	2	6	3	5	7	1
1	5	7	3	9	2	6	8	4
3	4	2	6	7	8	9	1	5
8	6	9	5	1	4	2	3	7

No. 100

4	6	1	5	7	8	2	3	9
3	9	7	1	4	2	5	8	6
8	5	2	3	9	6	1	7	4
7	2	6	8	5	1	9	4	3
1	3	9	4	2	7	8	6	5
5	4	8	6	3	9	7	2	1
6	1	3	7	8	5	4	9	2
9	7	4	2	1	3	6	5	8
2	8	5	9	6	4	3	1	7

No. 101

3	4	1	6	8	2	7	5	9
9	2	7	1	5	4	3	6	8
5	8	6	7	3	9	4	2	1
7	6	3	2	1	8	9	4	5
4	1	5	3	9	7	2	8	6
2	9	8	4	6	5	1	7	3
8	5	2	9	4	3	6	1	7
6	3	4	8	7	1	5	9	2
1	7	9	5	2	6	8	3	4

No. 102

5	7	9	8	6	1	3	2	4
8	1	2	4	7	3	9	5	6
6	4	3	9	5	2	7	1	8
3	8	7	2	4	6	1	9	5
2	6	5	3	1	9	4	8	7
1	9	4	7	8	5	2	6	3
7	2	1	6	3	8	5	4	9
9	3	6	5	2	4	8	7	1
4	5	8	1	9	7	6	3	2

No. 103

5	6	3	7	4	8	2	9	1
8	2	7	3	1	9	6	4	5
4	1	9	2	6	5	3	8	7
3	9	4	8	7	6	5	1	2
6	5	2	1	3	4	8	7	9
1	7	8	5	9	2	4	6	3
7	4	6	9	2	3	1	5	8
9	3	5	6	8	1	7	2	4
2	8	1	4	5	7	9	3	6

No. 104

D	L	O	U	R	N	C	A	S
U	S	R	A	C	D	O	L	N
A	N	C	S	O	L	R	U	D
L	C	D	N	U	A	S	O	R
O	R	A	D	S	C	L	N	U
N	U	S	O	L	R	A	D	C
R	A	U	L	D	S	N	C	O
S	O	N	C	A	U	D	R	L
C	D	L	R	N	O	U	S	A

Solutions

No. 105

4	9	7	6	3	1	5	8	2
2	1	5	8	9	7	3	6	4
6	8	3	4	2	5	9	1	7
7	6	8	1	5	4	2	9	3
3	4	9	2	7	8	1	5	6
5	2	1	3	6	9	7	4	8
9	7	2	5	8	6	4	3	1
8	5	4	7	1	3	6	2	9
1	3	6	9	4	2	8	7	5

No. 106

8	2	5	6	1	3	9	7	4
6	4	1	9	7	5	2	8	3
3	9	7	8	4	2	1	5	6
7	1	9	2	8	6	4	3	5
2	5	8	1	3	4	6	9	7
4	3	6	5	9	7	8	1	2
9	6	4	7	5	1	3	2	8
1	7	3	4	2	8	5	6	9
5	8	2	3	6	9	7	4	1

No. 107

6	7	2	8	5	9	4	3	1
1	9	4	2	3	7	6	8	5
3	5	8	4	6	1	7	9	2
9	1	5	7	8	3	2	4	6
7	2	3	6	1	4	9	5	8
4	8	6	9	2	5	1	7	3
5	3	9	1	7	6	8	2	4
8	6	7	5	4	2	3	1	9
2	4	1	3	9	8	5	6	7

No. 108

◗	■	★	●	◆	✳	▲	✚	▼
▼	◆	▲	◗	★	✚	✳	■	●
●	✳	✚	▼	▲	■	◗	★	◆
◆	✚	■	▲	◗	★	●	▼	✳
✳	▲	▼	✚	■	●	◆	◗	★
★	◗	●	✳	▼	◆	■	▲	✚
✚	▼	✳	■	●	▲	★	◆	◗
■	★	◗	◆	✳	▼	✚	●	▲
▲	●	◆	★	✚	◗	▼	✳	■

No. 109

6	2	5	4	3	7	1	9	8
7	4	8	5	9	1	3	2	6
1	9	3	2	6	8	4	7	5
8	7	6	1	2	5	9	3	4
3	5	2	6	4	9	7	8	1
4	1	9	8	7	3	5	6	2
2	3	1	9	8	4	6	5	7
9	8	4	7	5	6	2	1	3
5	6	7	3	1	2	8	4	9

No. 110

6	1	9	8	3	7	4	2	5
7	5	3	4	2	1	8	9	6
2	8	4	5	9	6	1	7	3
3	6	8	9	7	5	2	1	4
1	4	5	6	8	2	7	3	9
9	7	2	3	1	4	6	5	8
5	3	7	2	4	8	9	6	1
8	2	6	1	5	9	3	4	7
4	9	1	7	6	3	5	8	2

Solutions

No. 111

8	5	1	3	6	4	9	7	2
2	6	3	1	7	9	8	5	4
9	7	4	2	5	8	3	6	1
3	2	5	8	9	1	6	4	7
6	8	7	5	4	2	1	3	9
1	4	9	7	3	6	2	8	5
4	1	6	9	8	5	7	2	3
5	3	2	6	1	7	4	9	8
7	9	8	4	2	3	5	1	6

No. 112

5	2	1	3	4	6	7	8	9
9	7	4	1	5	8	6	3	2
3	6	8	9	7	2	4	1	5
2	4	9	7	6	3	1	5	8
6	5	3	4	8	1	9	2	7
8	1	7	5	2	9	3	6	4
1	3	5	2	9	7	8	4	6
4	9	6	8	1	5	2	7	3
7	8	2	6	3	4	5	9	1

No. 113

D	R	O	E	M	L	I	T	S
I	L	E	T	O	S	R	M	D
T	M	S	D	I	R	L	O	E
S	D	L	I	R	M	O	E	T
R	E	I	O	T	D	M	S	L
M	O	T	S	L	E	D	I	R
O	I	D	L	E	T	S	R	M
E	S	R	M	D	O	T	L	I
L	T	M	R	S	I	E	D	O

No. 114

5	6	8	3	1	7	9	2	4
9	2	3	4	5	6	8	1	7
4	7	1	9	2	8	3	6	5
7	3	9	8	6	4	1	5	2
2	1	4	5	7	3	6	8	9
6	8	5	2	9	1	4	7	3
8	9	2	1	4	5	7	3	6
1	5	7	6	3	9	2	4	8
3	4	6	7	8	2	5	9	1

No. 115

1	7	8	5	4	6	3	2	9
2	6	5	3	7	9	4	8	1
9	3	4	1	8	2	5	6	7
3	1	6	7	5	8	9	4	2
8	4	2	9	6	1	7	5	3
7	5	9	2	3	4	8	1	6
6	2	7	4	9	5	1	3	8
4	9	1	8	2	3	6	7	5
5	8	3	6	1	7	2	9	4

No. 116

4	6	9	2	3	7	8	1	5
3	7	2	8	5	1	6	4	9
1	5	8	9	4	6	3	2	7
9	8	1	4	6	3	5	7	2
5	2	4	7	1	8	9	6	3
7	3	6	5	2	9	1	8	4
8	4	5	1	9	2	7	3	6
2	1	3	6	7	5	4	9	8
6	9	7	3	8	4	2	5	1